소소한 즐거움이 있는 핸드메이드

처 음 만 드 는 크 리 스 마 스 장 식

MY FIRST CHRISTMAS DECORATION

글과 사진 **이 유 진**

A to Z

즐거운상상

서투르고 좀 촌스러워도…그래서 더욱 기억에 남을

내 인생의 크리스마스를 위하여

몇 살까지 산타클로스를 믿었나요?

일곱 살의 저는 꽤나 영악한 아이였습니다. 유치원 크리스마스 행사에서 엄마 아빠가 준비한 선물을
준다는 걸 눈치 챘지만 모르는 척 할 정도였으니까요. 막상 선물을 받는 날에는 장난기 넘치는
산타클로스 대역의 오빠가 제 빠진 앞니를 놀려댔을 땐 엉엉 울고 말았어요. '산타클로스 따윈
없어'라고 다 큰 척 하면서도 아직 꼬마였던 거죠.

어린 시절, 작은 마당이 있는 집에 살았습니다.

낭만적이었던 아버지는 현관 가까이에 예쁜 모양의 전나무를 심으셨어요. 겨울이면 오빠 언니와
함께 까치발을 하고 전나무에 크리스마스 장식을 하곤 했지요. 가느다란 철사에 얇은 반짝이 비닐을
가늘게 붙여놓은 크리스마스 장식, 기억하나요? 자주색, 청록색, 은색, 금색의 긴 줄을 둘둘 감는
게 고작이었지만 정말 신났어요. 바람이 불고, 눈이 와 크리스마스 장식은 금방 흐물거리고 색이
바랐지만 떼어내기가 아쉬워 하루만 더 하루만 더 그렇게 두던 기억이 납니다. 전나무 트리 때문에
어린 시절 크리스마스는 늘 특별한 날이었어요.

매년 맨해튼 록펠러 센터 앞에는 대형 전나무의 크리스마스트리가 불을 켭니다.

록펠러 센터의 크리스마스트리 점등은 온 나라에 생중계되는, 축제입니다. 점등식의 유명 가수들
공연과 화려한 볼거리도 23미터 높이의 트리에 전체 불이 켜지는 그 순간과는 비교할 수 없어요.
크리스마스트리에 불을 밝히는 것은 모두가 행복한 꿈을 꾸어도 좋다는 신호입니다.
영악한 일곱살이나, 맹렬히 살아가는 청춘도, 신혼의 부부와 황혼의 부부 모두에게 말입니다.

《처음 만드는 크리스마스 장식》을 준비하며 오랜 동안 잊고 지냈던 산타클로스와 크리스마스의
따뜻한 기억을 다시 만나게 되었어요. 소박하지만 정감이 넘치는 나만의 크리스마스를 꾸며보세요.
조금 비뚤고 어색하면 어때요. 상점가의 화려한 크리스마스 장식이나 록펠러 센터 트리에는 없는
우리들만의 추억이 담겨 있는 걸요. 매서운 겨울바람이 불어도 트리가 있는 집은 더할 나위 없이
포근할 거예요.

2012. 12. 이 유 진

CONTENTS

1
오너먼트 만들기

14 바이어스 볼

16 패브릭 + 리본 볼

18 털실 볼

20 털실 + 하트 크라프트

22 말린 오렌지

26 이니셜 펠트

28 이니셜 펠트 + 패브릭

30 반짝이 눈꽃

32 카운팅 달력

34 스탬프 트리

36 마스킹 테이프 트리

38 캔버스 + 칠판 페인트

40 미니 칠판 장식

42 눈꽃 펀치

44 패브릭 갈란드

2
크리스마스트리 장식하기

52 오렌지 트리

56 레드 + 그린 볼 트리

60 브라운 + 그레이 오너먼트 트리

64 체크 트리

68 카운팅 트리

72 패브릭 볼 + 플라스틱 볼 트리

76 하트 트리

3
집안 꾸미기

84   패브릭 + 미니 갈란드, 털실 볼

86   이니셜 펠트 + 패브릭 + 소파 커버링

88   양말 + 미니 장식장

92   패브릭 + 털실 볼 리스

94   주방

96   침실 입구

98   장식장

102   찻잔 장식

104   창문 장식

106   아이 방

+   리본 만드는 법

+   패브릭 인형 만드는 법

112   현관 장식

+   유리병 장식

4
선물 + 테이블 장식

120   트리 초

124   레몬 티

128   쿠키

132   오너먼트 kit

134   털실 볼 리스

136   테이블 장식

+   털실 볼 화분 만드는 법

+   이니셜 장식 유리잔

+   플레이트 장식

CHRISTMAS ORNAMENT

(ornament)

오너먼트 만들기

낙엽이 떨어지고 찬바람이 불기 시작하면 마음은 벌써
크리스마스로 달려갑니다. 따뜻하고 사랑스런 크리스마스 분위기를
만드는 가장 좋은 방법은 우리 집을 예쁘게 장식할 오너먼트 만들기가
아닐까요? 오너먼트는 천, 털실, 스티커, 스탬프 등 다양한 재료들로
만들 수 있어요. 예쁜 재료들을 잔뜩 쌓아놓고 이것저것 만들다보면
하루가 어떻게 가는지 모를 정도랍니다.
여기에 소개한 오너먼트들은 하나만 걸어 두어도 예쁘고 또 퍼즐처럼
이것저것 매치해보면 생각지도 못한 색다른 재미가 있어요.
크리스마스 트리를 장식하다 보면 오너먼트가 꽤 많이 필요해요.
하나씩 살리려고 해도 은근히 돈이 많이 들어가는 아이템인 오너먼트.
지금부터 내 마음에 쏙 드는 크리스마스 장식을 위한 첫 스텝!
오너먼트 만들기를 시작해 볼까요?

바이어스 볼

가장 사랑하는 오너먼트이자, 가장 손쉽게 만들 수 있는 패브릭 볼입니다.
사랑스런 체크무늬 바이어스 원단을 꼼꼼하게 붙여만 주면 돼요.
바이어스 원단은 쉽게 구입할 수 있는데 색상과 소재가
다양해서 마음에 쏙 드는 오너먼트를 만드는데 유용하지요.

준비물 바이어스 1롤(약 10야드), 스티로폼 볼, 가위, 풀
구입처 바이어스– 천싸요(www.1004yo.com) 스티로폼– 한가람문구

1) 바이어스 원단을 볼 크기에 맞게 잘라, 풀을
충분히 발라 주세요.

2) 풀을 바른 바이어스를 살짝 당겨가며 볼에
감아 줍니다.

3) +자 모양으로 한 번 더 감아 주세요.

4) 같은 방법으로 빈 공간이 보이지 않도록
촘촘히 감아 줍니다.

5) 빈 곳이 없도록 감아지면 완성입니다.

plus

바이어스 원단 1롤로
지름 10cm 스티로폼 볼 기준,
7~8개 정도 만들 수 있어요

패브릭 + 리본 볼

패브릭에 리본 테이프를 둘러 바이어스 볼과는 조금 다른 느낌을 주는 패브릭
볼이에요. 패브릭에 둘러주는 리본 테이프의 종류에 따라 다양한 느낌으로
연출할 수 있어 활용도가 좋답니다. 천을 재단하고 장식하는 것이 조금 귀찮게 느껴질
수도 있지만 만들고 난 뒤 충분히 만족할 만한 아이템이에요.

준비물 패브릭세트(1/4 혹은 1/8마 단위로 3~4종류의 원단을 재단해서 판매함) 스티로폼
볼, 핀, 가위, 리본, 장식소품
구입처 패브릭 세트- 천싸요(www.1004yo.com)
스티로폼 볼- 한가람문구

1) 스티로폼 볼의 지름에 맞게 본을 만들어
원단을 재단합니다.

2) 재단된 원단을 핀으로 볼에 고정합니다.
이때 뜨지 않도록 살짝 당겨 고정해 주세요.

3) +자 모양이 되도록 같은 방법으로 4조각을
고정해 주세요.

4) 나머지 4면의 빈공간이 채워지면 1차
완성입니다.

5) 원단의 연결 부위에 리본을 감아 핀으로
고정해 주세요.

6) 윗부분에 고리를 만들어 주면 완성입니다.
원하는 장식을 달아도 좋아요.

3 (ornament)

털실 볼

몽실몽실한 느낌이 따뜻한 볼이에요. 뜨다 남은 털실이 있다면
간단하게 만들 수 있어요. 색색의 털실 볼은 거실 한켠에 그저 쌓아두기만 해도 크리스마스 느낌이
물씬 나는, 크리스마스 장식 필수 아이템입니다. 털실을 한 방향으로만
감으면 볼의 모양이 둥글게 나오지 않을 수 있어요. 방향을 90도로 바꿔가며 감아주면
입체감 있는 모양으로 예쁘게 만들 수 있어요.

준비물 털실, 스티로폼 볼, 핀, 가위
구입처 털실– 천싸요(www.1004yo.com), 스티로폼 볼– 한가람문구

1)   털실을 볼에 3~4번 단단하게 감아주세요.

2)   +자 모양으로 감는다는 느낌으로 매번 다른
       방향으로 감아주세요.

3)   빈틈이 보이지 않으면 핀으로 마무리한 다음
       끝을 자릅니다.

4 (ornament)

털실 + 하트 크라프트

3년 전 꽃시장에서 산 다양한 색상의 장식용 털실들. 가운데 부분에 노끈이 들어있어
사용하기가 좋아서 잔뜩 샀는데, 창고를 정리하다가 발견했어요.
강렬한 빨간색에 어울리는 하트 모양의 장식을 만들어 트리에도 달아보고,
뒷면에 자석을 붙여 현관 장식도 해보았어요. 예쁜가요?

준비물 장식용 털실, 크라프트지, 글루건, 가위
구입처 장식용 털실– 강남 고속버스터미널 3층 꽃상가 현대데코 (매년 나오는 소재는 아니니 구입 전에
확인이 필요해요.) 크라프트지 – 지상낙원(www.paperangel.co.kr)

1) 크라프트지를 하트모양으로 자른 뒤
    바깥쪽부터 글루건으로 털실을 고정합니다.

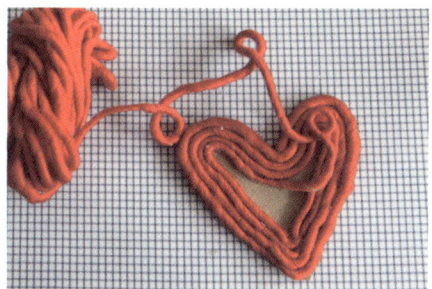

2) 가장자리부터 안쪽으로 채운다는 느낌으로
    감아 고정해 주세요.

3) 빈틈이 보이지 않도록 촘촘하게 잘 붙여주면
    완성이에요.

5

말린 오렌지

오렌지를 얇게 잘라 그늘에서 말리면 내추럴한 느낌이 가득한 오너먼트를 만들 수 있어요.
크리스마스 트리에 여러 개를 달기만 해도 근사한 장식이 된답니다.

준비물 오렌지, 키친 타올

1)   오렌지를 2∼3mm 두께로 썰어 주세요.

2)   자른 오렌지를 키친 타올 위에 올리고 수분을
        제거합니다.

3)   그늘에서 4∼5일간 말립니다.

6

이니셜 펠트

펠트는 특유의 따뜻한 느낌 때문에 크리스마스 장식에 많이 쓰이는 소재랍니다.
요즘은 색상이나 두께가 다양해서 고르는 재미가 더해졌어요.

준비물 멜란지 컬러 펠트, 도안, 가위, 사인펜 **구입처** 펠트 – 디웨이(www.dway.co.kr)

1) 원하는 이니셜을 프린트한 뒤 가위로 잘라
펠트에 도안을 옮깁니다.

2) 끝이 뾰족한 가위로 재단합니다.

3) 깨끗하게 자르면 완성입니다.

7 (ornament)

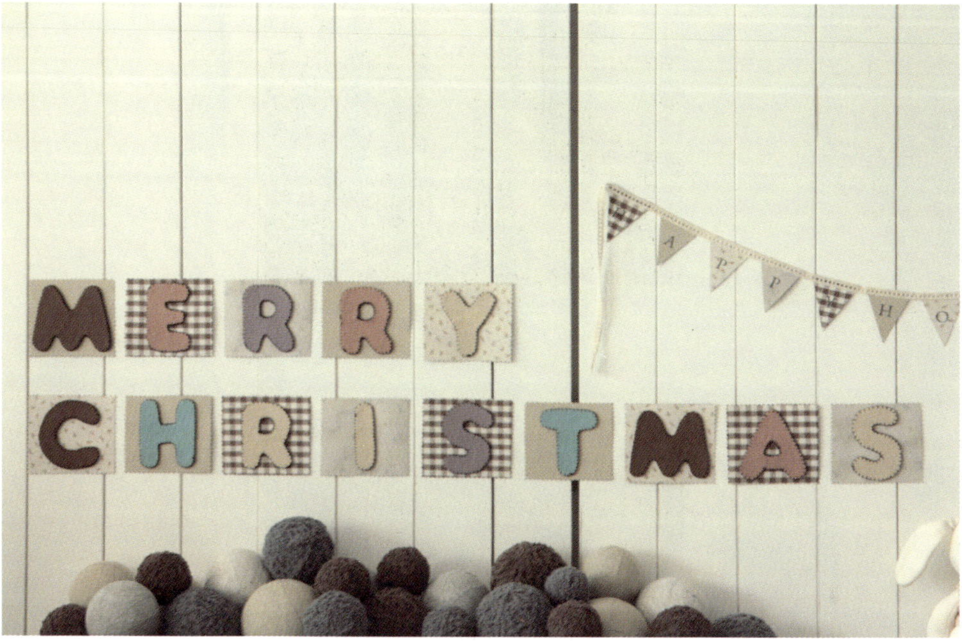

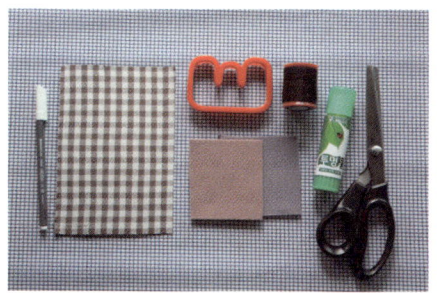

이니셜 펠트 + 패브릭

도톰한 이니셜 펠트와 패브릭을 매치해 보았어요. 함께 장식해도 예쁘고 한 개씩 따로 두어도 내추럴 스타일의 크리스마스 장식에 톡톡히 한몫을 할 거예요.

준비물 펠트, 원단, 크라프트지, 가위, 풀, 실, 바늘, 도안용 쿠키틀, 사인펜, 핑킹가위, 본드
구입처 펠트– 디웨이(www.dway.co.kr), 원단 – 천싸요(www.1004yo.com)

1) 쿠키틀을 활용해 펠트에 도안을 그린 다음
    자릅니다.

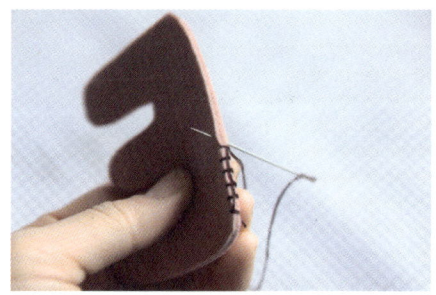

2) 펠트의 잘려진 단면을 버튼홀 스티치로
    바느질해 주세요.

3) 크라프트지에 풀을 펴바르고 원단을 붙인
    다음 바느질한 펠트에 본드를 발라 고정합니다.
    핑킹가위로 네 면을 잘라 마무리합니다.

8 (ornament)

반짝이 눈꽃

펠트 눈결정에 은빛 반짝이를 가득 뿌려서 예쁜 장식을 만들어 보았어요.
캔버스에 붙인 다음 마스킹 테이프로 장식해서 심플하면서도
세련된 느낌의 크리스마스 소품으로 만들어도 좋고, 트리 꼭대기에 반짝이 눈꽃만
달아 주어도 좋아요. 다양하게 활용해 보세요.

준비물 눈결정 펠트, 본드, 은색 반짝이
구입처 눈결정 펠트 – 디웨이(www.dway.co.kr), 은색 반짝이 – 한가람문구

1)　　　눈결정 펠트에 본드를 충분히 발라주세요.

2)　　　은색 반짝이 가루를 두툼하게 뿌린 다음 살짝
　　　　눌러 줍니다.

3)　　　본드가 마른 다음 여분의 반짝이 가루는
　　　　털어내세요.

9 (ornament)

카운팅 달력

크리스마스를 기다리는 설렘을 담아 작은 손가방 모양의 카운팅 달력을 만들었어요.
여러 개를 만들다보니 마지막엔 손가락도 아프고 눈도
아른거렸지만 옹기종기 모여 있는 모양을 보니 뿌듯했답니다.

준비물 방수코팅 원단, 종이원단, 스틸 나무브래드, 숫자 스탬프, 유성 잉크패드, 나무집게, 가죽,
레이스 리본, 끈, 가위, 핑킹가위, 실, 바늘, 글루건
구입처 방수코팅 원단 : 앤스나무(www.annsnamu.co.kr) 종이원단-디웨이(www.dway.co.kr)
스틸 나무브래드(brad)-유아쏘(www.youareso.co.kr)
숫자 스탬프, 유성 잉크패드-스탬프하우스(www.stamp-house.co.kr)

1) 원단을 가로 8cm x 세로 7cm로
2장씩 재단하세요.

2) 윗면은 남기고 세 면을 0.5cm 안쪽으로
시접선을 그린 다음 박음질을 해주세요.

3) 박음질이 끝난 모습입니다.

4) 바느질하지 않은 윗면을 핑킹가위로
자르세요.

5) 뒤집은 다음 양쪽 끝을 접어서 3~4땀 정도
바느질해 주세요.

6) 종이원단을 적당한 크기로 잘라 숫자
스탬프를 찍습니다.

7) 스틸 나무브래드를 종이원단 위에
꽂아주세요. 원단에 칼집을 살짝 낸 다음
스틸 나무브래드를 통과시켜 고정하고
장식합니다.

8) 가죽끈을 글루건으로 고정시킨 다음
집게를 꽂아 마무리하세요.

10 (ornament)

스탬프 트리

종이나 천에 스탬프를 콕콕 찍다보면 왠지 기분이 좋아져요.
요즘은 예쁜 스탬프를 온라인에서 쉽게 구할 수 있어서 모으는 재미가 쏠쏠하기도 하고요.
유성 잉크패드를 이용하면 천이나 나무 등 어디든지 예쁜 스탬프를 찍어서 장식할 수 있어서
정말 신나요! 쓸수록 활용도가 좋은 스탬프로 예쁜 크리스마스 장식을 만들어 보세요.

준비물 스탬프, 유성 잉크패드, 소포용지, 트레싱지
구입처 스탬프, 유성 잉크패드-스탬프하우스(www.stamp-house.co.kr)
트레싱지-지상낙원(www.paperangel.co.kr)

1）　　　소포용지를 트리 모양으로 재단합니다.

2）　　　재단한 소포용지를 트레싱지 위에 얹은 뒤
　　　　　살짝 고정해 주세요.

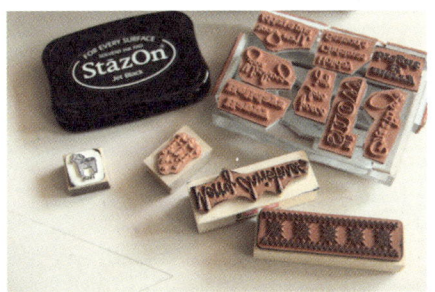

3）　　　스탬프와 유성 잉크패드를 준비합니다.

4）　　　제일 큰 스탬프부터 찍기 시작합니다.

5）　　　이니셜 - 그림 순으로 번갈아 가며 찍어
　　　　　줍니다.

6）　　　빈 공간을 채워가며 완성하세요.

마스킹 테이프 트리

마스킹 테이프를 크리스마스 장식에 활용해 보았어요.
문구 재료상에서 산 나무트리의 한쪽 면에는 마스킹 테이프를 붙이고, 다른 면에는 스탬프를
콩콩 찍어서 장식하니 세련된 느낌의 오너먼트가 완성되었어요.
화려한 크리스마스 장식을 하기에 부담스러운 공간에 아주 잘 어울려요.

준비물 나무트리, 마스킹 테이프, 스탬프, 유성 잉크패드, 칼
구입처 나무트리- 유아용 문구재료, 마스킹 테이프-지상낙원(www.paperange.co.kr)
스탬프, 유성 잉크패드-스탬프하우스 (www.stamp-house.co.kr)

1)   나무트리에 몇 종류의 마스킹 테이프를
번갈아 붙이세요.

2)   빈틈이 보이지 않도록 꼼꼼하게 붙이면
됩니다.

3)   튀어나온 부분을 칼로 깔끔하게 정리하세요.

4)   앞면이 완성되었습니다.

5)   뒷면에는 스탬프를 찍어서 장식합니다.

12 (ornament)

캔버스 + 칠판 페인트

거실 벽을 칠할 페인트를 사러 갔다가 어디든지 칠하면 칠판으로 변한다는 칠판 페인트가 눈에 들어왔어요.
거실 벽 전체를 칠하고 싶었지만, 꾹 참았죠. 그러다 화방에서 발견한 얇고 커다란 캔버스!
그 위에 칠판 페인트를 칠하고 예쁜 색 분필로 산타에게 편지를 쓰고나니 너무 신났답니다.
아이들을 위한 크리스마스 장식으로도 좋아요.

준비물 캔버스, 칠판 페인트, 페인팅 도구
구입처 캔버스 한가람문구, 칠판 페인트, 페인팅 도구-벤자민무어(www.benjaminmoore.co.kr)

1) 칠판 페인트를 준비하세요.

2) 롤러를 이용해서 캔버스에 고르게 펴바릅니다.

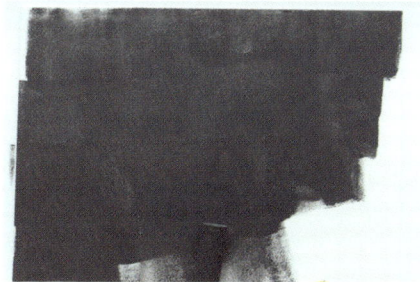

3) 3시간 간격으로 3~4번 정도 덧발라 주세요.

13 (ornament)

미니칠판 장식

손바닥보다 작은 캔버스에 칠판 페인트를 칠하고
벽장식으로 만들었어요. 귀여운 양말들도 대롱대롱 달아
주었더니 정말 예뻐요!

14 (ornament)

눈꽃 펀치

큰맘 먹고 구입한 마사 스튜어트의 눈꽃 펀치. 종이를 넣고 꾹 누르면 예쁜 눈꽃 모양이
찍혀 나오는데 어찌나 예쁜지, 처음에는 한참을 보면서 신기해 했어요.
흰색, 빨간색 등 다양한 색상의 종이를 준비해서 가득 찍은 다음 집안 곳곳을 장식해
보세요. 손쉽게 크리스마스 분위기를 낼 수 있어요.

준비물 눈꽃 펀치, 다양한 종이들
구입처 눈꽃 펀치-유아쏘(www.youareso.co.kr)

1)   원하는 종이를 준비하고 펀치를 이용해
     찍어내 주세요. 너무 두꺼운 종이는 쉽게
     뚫리지 않으니 주의하세요.

2)   예쁘게 찍혀 나온 모습입니다.

3)   눈꽃을 솔방울에 올려 장식해 보았어요.

패브릭 갈란드

패브릭에 스탬프를 찍어서 귀여운 미니 갈란드를 만들었어요.
작고 귀여운 느낌이라 다른 소품들과 매치해도 잘 어울리고, 심심한 벽면 장식에도
효과가 좋아요. 현관이나 방문에 걸어두어도 확실한 포인트가 된답니다.

준비물 크라프트지, 패브릭, 풀, 가위, 레이스리본, 양면테이프, 스탬프, 유성 잉크패드
구입처 크라프트지 – 지상낙원(www.paperangel.co.kr)
스탬프, 유성 잉크패드 – 스탬프 하우스(www.stamp-house.co.kr)
장식장 – 리틀하우스(강남 고속터미널 312호 02-536-4865)

1)   크라프트지에 풀을 충분히 바르세요.

2)   패브릭을 그 위에 붙입니다.

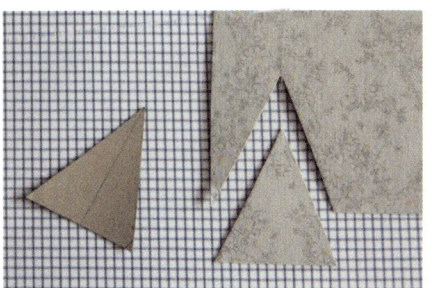

3)   삼각형 모양으로 자릅니다.

4)   스탬프로 원하는 이니셜을 찍어 줍니다.

5)   레이스 리본을 양면 테이프로 고정하면
       완성이에요.

CHRISTMAS TREE DECO

(tree deco)

크리스마스트리 장식하기

크리스마스트리를 장식할 때는 한 가지 주제를 정하고
거기에 맞게 오너먼트를 준비하면 좋아요.
원하는 컬러가 있다면 그와 어울리는 여러 소재의 오너먼트를
준비해서 장식하면 조금 더 쉽게 예쁜 트리를 만들 수 있어요.
1장에서 만든 다양한 오너먼트를 활용하여
크리스마스 장식의 주인공인 트리를 장식해 볼까요?
먼저 하나의 오너먼트 만으로 트리를 장식해보세요.
그 다음 하나씩 하나씩 더해가면서
나만의 크리스마스트리 장식의 노하우를 익혀 보세요.
한 종류의 오너먼트만 활용한 경우, 두 종류 이상의 오너먼트를
활용한 경우, 비슷한 컬러의 오너먼트를 활용한 경우 등 다양하게
변형하여 장식한 예들을 보면서 올 겨울 우리 집을 장식할
트리 모양을 그려보세요. 기성품을 적절하게 활용하여 독특한
분위기를 살려볼 수도 있어요.

오렌지 트리

이번 크리스마스를 책임질 우리 집 거실 트리예요. 상큼한 오렌지 색과 나무 장식,
양철들이 조화를 이뤄 마음이 차분해지는 느낌이에요.
전구를 촘촘히 감아주니, 밤에도 반짝반짝 너무 예뻐요.
양철 레터링 장식을 트리의 머리 위에 걸었더니 멋진 홈카페 분위기가 물씬 나더라고요.
조명을 켜면 더욱 분위기 있겠죠?

장식물(말린 오렌지, 눈꽃 펀치)
솔방울, 양동이, 나무 새장식, 시나몬 스틱, 480구 트리전구, 녹색철사,
양철 레터링, 노끈, 마스킹 테이프, 가죽끈, 레드 와이어
구입처 트리전구 – 하이전구 (www.hijungu.com)
양철 양동이, 솔방울, 레드 와이어,
양철 레터링, 노끈 – 리틀 하우스(강남 고속버스터미널 3층 312호 02-536-4855)

1) 말린 오렌지를 녹색철사로 구멍을 뚫어
     트리에 달아주세요. 오렌지의 잘린 단면이
     보이도록, 넉넉히 달아줍니다.

2) 시나몬 스틱은 가죽끈을 이용해서 달아
     줍니다.

5) 양철 양동이와 나무 새장식을 달아 주세요.
     새장식에 레드 와이어를 감아 밋밋함을
     보완했습니다.

3) 솔방울을 녹색철사로 묶어서 고정하세요.
깔끔한 장식을 원한다면 여기까지만
장식해도 좋아요.

4) 꽃시장의 베스트셀링 아이템 나무
별장식이에요. 사계절 내내 판매하지만
크리스마스 시즌엔 구하기가 힘드니까
미리미리 준비해 두세요.

plus

자연 소재의 오너먼트에
전구를 달 때는 조금 넉넉히
감아주어야 더욱 예뻐요.

레드 + 그린볼 트리

크리스마스를 생각하면 가장 먼저 떠오르는 레드 + 그린 컬러.
기본 중의 기본인 레드와 그린 컬러를 다양한 소재를 활용하여 조금은 색다르게,
화사한 느낌으로 만들어 보았어요. 시중에서 흔하게 살 수 있는
레드와 그린 볼이 아니라 직접 만든 패브릭 볼과 털실 볼을 활용하여 트리 장식을 하니,
산뜻하면서도 따뜻한 느낌이 잘 어우러진 트리가 완성되었어요.

장식물(바이어스볼 + 털실볼)
180cm 플라스틱 나무 트리, 모루장식, 미니모자, 리본
트리 구입처 플라워마트(강남 고속버스터미널 3층 300호 02-594-5331)

1)　　　털실 볼을 트리 곳곳에 달아줍니다.
　　　　깔끔한 느낌을 좋아한다면 한 가지 색
　　　　볼만으로 풍성하게 달아주세요.

2)　　　바이어스 볼을 트리 곳곳에 걸어줍니다.
　　　　털실 볼과 마찬가지로 바이어스 볼을
　　　　풍성하게 달아주어도 좋아요.

5)　　　모루 장식으로 마무리 했어요. 트리는
　　　　풍성하게 장식하는 것이 더 예쁘더라고요.

plus

오너먼트는 고리 부분을
만들거나 녹색철사를
이용하여 걸어주세요.
깔끔한 트리를 원하면
낚시줄을 사용해서 고정하세요.

3) 털실 볼과 바이어스 볼을 함께 장식해
보았어요. 처음 보다 더 풍성한 느낌이
들어요.

4) 미니 모자를 달면 귀여운 느낌이 더해요.
머리띠나 머리핀에 붙이는 장식인데
동대문에서 구입해 두었다가 함께 장식해
봤어요.

브라운 + 그레이 트리

차분하게 톤 다운된 색상들의 오너먼트를 달아 내추럴하면서도
따뜻한 느낌의 트리를 만들었어요.
은색와이어로 만든 리본을 달았더니 조금 밋밋한 분위기에 리듬감이 살아났어요.

장식물(바이어스 볼 + 털실 볼) 폼폼, 은색 와이어
구입처 트리-플라워마트(강남 고속버스터미널 3층 300호 02-594-5331)
폼폼-동대문 종합시장

1)   브라운 톤의 바이어스 볼을 달아 주었어요.
        아직은 조금 심심한 느낌이에요.

2)   같은 톤의 털실 볼과 그레이색상의 털실
        볼을 더해 줍니다. 역시 핸드메이드 볼은 그
        자체로도 멋진 장식이 된답니다.

3) 허전해 보이는 곳에 폼폼이를 달아주세요.

4) 은색 와이어를 리본 모양으로 만들어서 전체적으로 리듬감을 더해줍니다.

plus

다양한 소재를 이용해 장식하면 좀 더 화려한 트리를 만들 수 있어요.

(tree deco)

체크 트리

마음에 쏙 들어 충동구매 했던 블랙워치 바이어스들.
다운된 컬러라 차분한 느낌으로 장식할 수 있어요. 선물포장할 때 리본 대신 사용해도 좋아요.

장식물(바이어스 볼) 시나몬 스틱, 가죽끈, 나무 새장식
구입처 트리-플라워마트(강남 고속버스터미널 3층 300호 02-594-5331)
시나몬 스틱-리틀 하우스 (강남 고속버스터미널 3층 312호 02-536-4855)
나무 새장식-현대데코 (강남 고속버스터미널 3층 180호 02-535-1122)

1)   먼저 바이어스 볼을 트리에 달아줍니다.
       색상이 차분한 편이라 다른 종류의
       오너먼트를 함께 달아 장식해 주세요.

plus

차분한 색의 트리는 오너먼트를 여유
있게 달아 주세요. 너무 많이 달면
각각의 오너먼트들이 눈에 잘 들어오지
않아요.

2) 시나몬 스틱을 가죽끈으로 묶어서 달고
나무 새장식을 더해주니 심플하면서도
색다른 느낌의 트리 장식이 완성되었어요.

카운팅 트리

하루하루 크리스마스를 기다리는 설렘. 그 마음을 가득 담은 카운팅 트리랍니다.
앙증맞은 가방을 가득 달고 스탬핑한 나무 트리를 함께 장식했어요.
트리 꼭대기에 반짝이는 별도 잊지 않았고요.

장식물(스탬핑 나무 트리 + 카운팅 미니 가방 장식) 눈꽃 펀치
구입처 트리-플라워마트(강남 고속버스터미널 3층 300호 02-594-5331)
나무장식 – 화방이나 문구점
스탬프, 유성 잉크패드 – 스탬프 하우스(www.stamp-house.co.kr)

1)   카운팅 미니 가방을 잘 보이게 트리 곳곳에
      달아주세요.

2)   스탬핑한 나무 트리 장식을 가지 사이사이에
      고정합니다.

plus

둥글지 않은 오너먼트는
앞면이 잘 보이도록 걸어
주세요.

3)   그리고 펀칭한 눈꽃 장식을 트리 가득 꽂아
           주세요. 화사한 느낌이 더해져요. 장식이 부족한
           느낌이 들지 않도록 눈꽃 장식을 꽂아주세요.

패브릭 볼 + 플라스틱 볼 트리

패브릭 볼은 만드는데 정성이 많이 들지만 트리에 장식했을 때 그만한 몫을 해내는 아이템이에요.
많이 달지 않아도 트리가 금세 환해지거든요. 키 큰 트리를 패브릭 볼로 장식하기 힘들면,
기성품 볼을 함께 달아주세요. 그래도 핸드메이드 느낌이 물씬나는 패브릭 볼 덕분에 어디에서도
볼 수 없는 나만의 크리스마스 장식이 완성됩니다.

장식물(패브릭 볼 + 레드 + 그린 유리볼)
레터링 리본, 루돌프 나무장식, 열매장식
구입처 유리볼, 레터링 리본, 루돌프 나무장식 – 현대데코
(강남 고속버스터미널 3층 180호 02-535-1122)

1)   패브릭 볼은 여러 가지 색상을 한꺼번에
      장식해도 잘 어우러져요.

2)   레드 + 그린 유리볼을 달아서 메인 컬러를
      정하세요.

plus

여러 가지 색의 볼을 한꺼번에
장식하는 경우 메인이 되는
컬러를 하나 정해두고
장식하면 좀더 깔끔하게
장식할 수 있어요. 위의 트리는
레드였어요.

3) 　루돌프 나무 장식을 더하세요. 볼과 다른
　　소재의 장식을 매치하면 좀더 자연스러운
　　느낌이 들어요.

4) 　빨간 열매 장식을 달아서 마무리합니다.

하트 트리

집안 가득 사랑이 넘치는 하트 크리스마스 트리예요. 한눈에 쏙 들어오는
빨간 하트 오너먼트와 레드 체크 볼을 함께 달아 장식했어요.
크리스마스가 지나고 발렌타인데이까지 두어도 잘 어울리는 트리랍니다.

장식물(털실 하트 + 바이어스 볼)레터링 리본, 열매장식
구입처 레터링리본 – 현대데코(강남 고속버스터미널 3층 180호 02-535-1122)
열매장식 – 리틀하우스(강남 고속버스터미널 3층 312호 02-536-4855)

1)　　털실 하트를 트리 곳곳에 달아 주었어요.
　　　　이 모습만으로도 너무 예쁘네요. 심플한
　　　　스타일이 좋다면 여기까지만 장식하셔도
　　　　좋아요.

2)　　체크 바이어스 볼과 함께 장식했어요.

plus

한 가지 색으로
장식할 때에도 다양한
소재를 이용하면 밋밋해
보이지 않아요.

3) 레터링 리본들을 가득 달아주었더니 트리가
한층 풍성한 느낌이에요.

3) 빨간 열매 장식을 달아 마무리 하세요.

HOUSE DECO

집안 꾸미기

메인이 되는 크리스마스 트리를 완성했다면,

침실, 거실, 아이들 방 등 집안 곳곳을 크리스마스 분위기기

물씬 나도록 꾸며볼까요?

먼저 장식하고 싶은 부분을 깔끔하게 정리하세요.

기본적인 가구와 소품만 남겨두고 치운다고 생각하면 됩니다.

그렇게 하면 장식하기도 수월하고 애써 만든 소품들이 반짝반짝

빛날 수 있어요. 우리 집은 여느 아파트와 같아요.

전셋집이라 특별히 인테리어 공사를 하지도 않았기 때문에

보통의 집과 비슷하거나 오히려 조금 덜 예쁠 수도 있어요.

이 책을 통해 소개하는 크리스마스 장식은 누구나 할 수 있는

평범한 집의 크리스마스 장식법입니다.

큰돈을 들이지 않고, 인테리어 공사를 하지 않아도

깔끔하고 예쁘게 집을 꾸밀 수 있어요.

약간의 비용과 시간, 바지런한 두 손이 있다면 충분히 가능해요.

패브릭 + 미니 갈란드 + 털실 볼

원목 파티션을 소파 뒤에 두고 펠트로 만든 이니셜로 장식해 보았어요.
양면테이프로 붙여도 떨어지지 않으니까 간단하게 장식할 수 있답니다.
원목 파티션은 바니쉬로 마감 처리해서
테이프를 떼었다 붙여도 끈적임이 남지 않고 깨끗해서 좋아요.

1) 패브릭으로 만든 미니 갈란드는 크리스마스 장식과도 잘 어울려요.

2) 이니셜 펠트와 미니 갈란드, 털실 볼을 함께 매치했어요.

3) 옆쪽에서 보면 이런 모습이에요.

이니셜 펠트 + 패브릭 + 소파 커버링

멜란지 컬러의 펠트 이니셜을 배치해 보았어요. 그런데 베이지톤인 소파와는 잘 어울리지 않아
블랙워치 린넨 원단으로 소파 커버링을 했어요. 간단하게 소파와 쿠션 사이에
쓱쓱 집어넣어서 벨크로 테이프로 간단히 고정했어요.
원단은 6마 정도 들었고요. 리본은 폭이 넓은 바이어스로 마무리 했습니다.

1)　　　펠트로 이니셜을 만들고 이니셜 끝부분에
　　　　　포인트를 만들어 주세요.

2)　　　가지고 있는 인형들과 함께 두면 더 예뻐요.

3)　　　옆쪽에서 보면 이런 모습입니다.

양말 + 미니 장식장

책상의 한켠을 차지하고 있던 장식장과 크리스마스 느낌이 물씬 나는 양말을 함께 장식해 봤어요.
장식장은 무게가 좀 있는 편이라 낚시줄과 강력 양면테이프를 이용해서 고정했어요.
파티션에 못을 박아 단단하게 고정하여도 된답니다.
장식장에는 집에 있던 소품과 1장에서 만든 오너먼트를 올려두었어요.
양말은 '엔젤 삭스'에서 구입했는데 크리스마스 느낌이 가득한 양말이 많더라고요.
안쪽에 솜을 조금 넣어 살짝 빵빵하게 만든 뒤 달아 주었어요.

1)   꽃시장에서 구입한 쿠션. 저렴한 가격에 살 수 있어요.

2)   앙증맞은 양말에 솜을 넣었어요.

3)   집에 있던 소품들과 새로 만든 오너먼트로
        크리스마스 분위기를 내 보세요.

4)   튼튼해 보이는 장식장이죠?

패브릭 + 털실 볼 리스

통통한 볼로 만드는 볼 리스는 볼륨감이 있어서 하나만 걸어두어도 벽이 가득 차는 느낌이에요.
패브릭과 털실로 만든 볼로 리스를 만들었더니 시중에서 산 것보다 더 따뜻한 분위기여서
아주 마음에 들더라고요. 올 겨울 내내 우리 집 거실 벽을 풍성하게 만들어 줄 볼 리스입니다.

1) 옆쪽에서 보면 더 볼륨감이
     있어 보여요.

2) 여러 가지 리본을 길게
     매어주어도 예뻐요.

오렌지 트리와 함께 거실을 장식하고 보니 잘 어울리는 옷을 갖춰 입은 듯, 서로 짝이 맞아요.

주방

처음 이사 왔을 때 부엌이 마음에 들지 않더라고요. 싱크대는 진한 오크색 하이글로시이고,
조명은 화려하고 블링블링해서 거실 가구와 영 어울리지 않았어요.
싱크대를 바꿀 수도 없고, 거실을 아무리 정리하고 꾸며 보아도 주방 때문에 분위기가 영 살지
않더라고요. 고민하다 주방을 커튼으로 가리고 조명을 바꾸어보았어요.

인터넷 검색과 잡지에서 찾아낸 커튼은 이케아 제품. 가격도 착하고 이중 커튼이라 그리 답답하지도 않아서 정말 딱! 이라는 생각이 들었어요. 걸어보니 효과도 만점이었어요. 조명은 10x10에서 구입했어요. 뽀얀 철제 느낌이 주방과 잘 어울려 역시 만족! 직접 교체하느라 목은 좀 아팠지만 생각보다 어렵지는 않더라고요.

1) 인형과 쿠션을 의자 위에 두었어요. 예쁘게 어울리죠?

2) 트리초는 어디에 두어도 크리스마스 느낌이 물씬 나요.

침실 입구

방 앞에 놓인 장식장은 현관에서 들어오면 바로 한눈에 보여 늘 신경이 쓰였어요.
올 겨울엔 예쁜 사진들을 액자에 담아서 LED조명과 함께 장식해보았어요.
예전에 찍어둔 겨울 사진이나 트리 사진으로 장식하면 좋아요. (없다면 오너먼트를 만들어서 찍어도
좋아요.) 겨울 분위기 물씬 나는 사진을 액자에 넣고 조명으로 장식하세요 .

1)   미니트리에도 줄조명 장식을 해 보았어요.

2)   겨울 분위기 나는 사진 액자에 조명으로 장식합니다.

장식장

우리 집 가구는 모두 무인양품에서 구입한 것이라 통일성은 있지만
조금 심심한 느낌이 들기도 해요. 그래서 국민장식장이라 불리는
이케아의 Lerberg를 구입해서 장식장으로 꾸며보았는데,
스틸의 느낌도 좋고 가격도 저렴해서 마음에 들어요. 조립도 어렵지 않고요.
액자와 소품의 균형을 맞춰서 배치해 주세요. 장식장에 털실 볼을 올려두거나,
작은 화병에 빨간 털실만 둘러주어도 크리스마스 분위기를 낼 수 있어요.
심플하면서도 포인트가 있는 장식장을 꾸며 보세요.

1)   찻잔에 유리 돔을 씌우니 조금 특별한
      느낌이에요. 소품에 사용한 리본을
      통일하면 더 예뻐요.

2)   잘 말린 수국을 유리병에 꽂고, 빨간 리본을!

plus

다가오는 크리스마스에
거리의 장식이나 숍의 소품을
카메라에 담았다가
프린트해 장식으로 활용해
보세요. 손쉽게 연말 느낌을
낼 수 있어요.

3)　　　　양초에도 리본을 매서 장식했어요.　　　　4)　　　　미니 털실 볼들.

찻잔 장식

패브릭 볼과 찻잔을 함께 장식해 봤어요. 색상도 너무 예쁘고 프린트도
요즘 인기있는 북유럽 스타일이라 좋아요. 장식장이나 부엌 한쪽에 살짝 놓아두면 볼 때 마다 기분이
좋아져요. 공들여 만든 패브릭 볼을 다양하게 활용해서 집안을 장식해 보세요.

창문 장식

아파트라면 어느 집이나 큰 베란다 창문이 있어요. 이곳을 꾸미는 일이 만만치는 않지만
신경 써서 꾸민다면 크기만큼 효과가 커요. 제일 좋은 방법은 가볍고 빛이 통과되는 소품과 조명을
활용하는 것이랍니다. 예쁘고 무거운 것은, 아쉽지만 적당한 장식이 아니에요.
우리집 베란다 창문에 트레싱지를 눈꽃 펀치로 찍어낸 눈꽃 장식과 LED조명을 가득 달아보았어요.
낮에는 눈꽃 장식이 예쁘고 밤에는 불빛과 더해져서 환상적인 느낌을 주니 이게 1석 2조가 아닐까요?

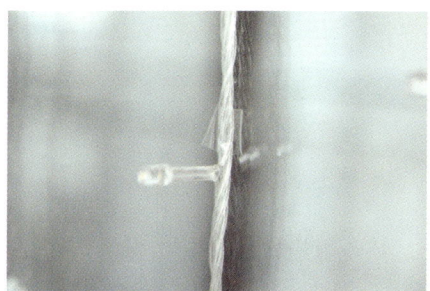

1)   조명은 바깥쪽에서 셀로판테이프로
      붙이세요. 붙이기 전에 유리를 깨끗하게
      닦아야 잘 떨어지지 않아요

2)   전체적으로는 이런 모양이 됩니다.

3)   반짝반짝 너무 예뻐요.

아이 방

사랑스런 조카들을 위해서 이번 크리스마스에 뭘 해줄까, 생각하다가
크리스마스 장식으로 방을 꾸며주기로 했어요.
두 명의 꼬마 공주님을 위한 크리스마스 장식이라 전형적인
나무 모양보다는 귀여운 공주님풍의 히얀 리본 모양과 하트로 장식해 보았어요.
조카들의 반응은 '꺄악! 예뻐'였습니다.
벽에는 두 가지 핑크의 털실 볼을 달아 주었어요.
아이들은 트리의 장식품을 계속 만지고 가만 두지 않으니 아이가 어리다면
색다른 크리스마스 장식을 해보는 건 어떨까요?

준비물 시폰 4마, 하트장식, 리본, 양면 테이프, 트레싱지, 패브릭, 크라프트지,
가죽끈, 풀, 본드, 가위, 털실 볼
구입처 시폰 , 패브릭 – 천싸요(www.1004yo.com)
트레싱지, 크라프트지 – 지상낙원(www.paperangel.co.kr)

리본 만드는 법

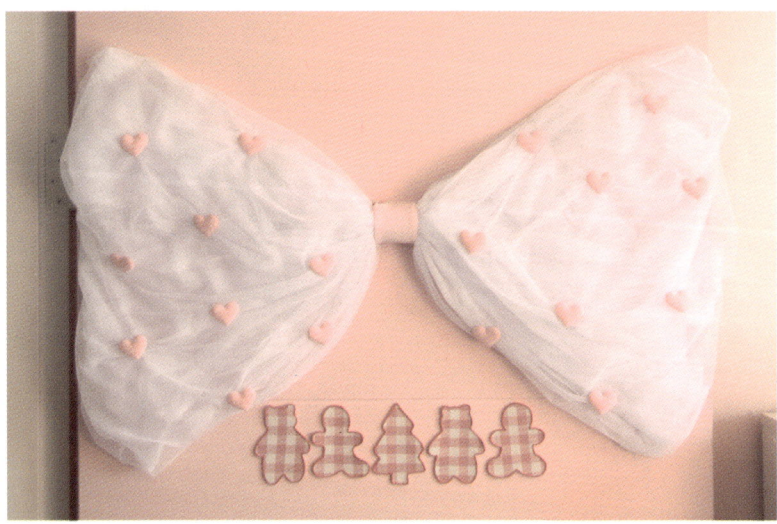

1) 트레싱지를 바닥에 펼칩니다.

2) 시폰을 80cm 폭으로 여러 번 겹쳐준 다음 가운데를 리본으로 묶습니다.

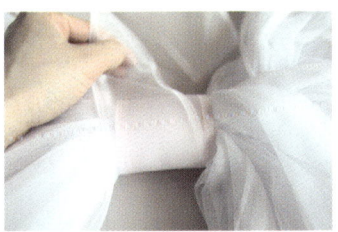

3) 리본을 단단히 당겨준 다음 양면 테이프로 고정합니다.

4) 시폰의 레이어마다 양면 테이프를 붙여서 움직이지 않도록 해 주세요.

5) 하트장식을 양면 테이프로 고정하고 쉬폰 위에 붙이세요.

6) 하트장식을 가득 달아 주세요.

7) 트레싱지와 시폰이 떨어지지 않도록 구석구석 붙입니다.

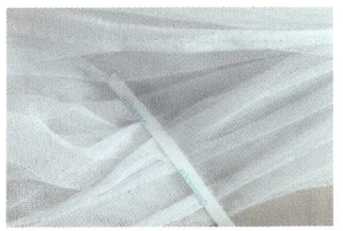

8) 트레싱지를 리본 모양으로 자르세요.

패브릭 인형 만드는 법

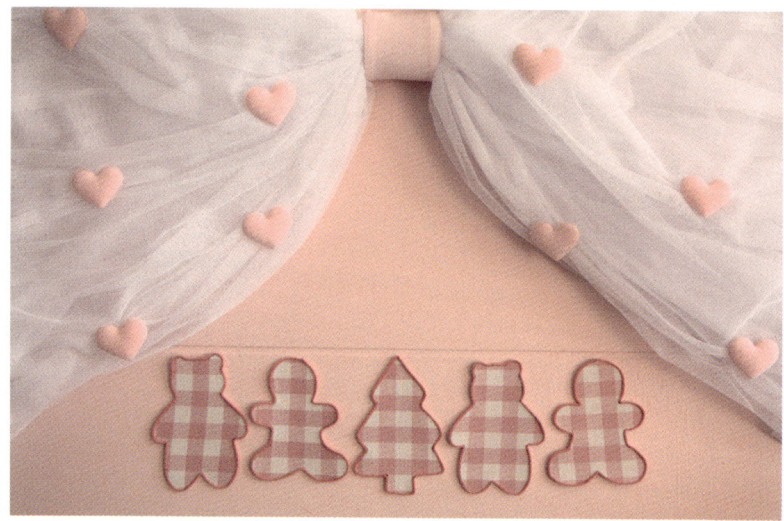

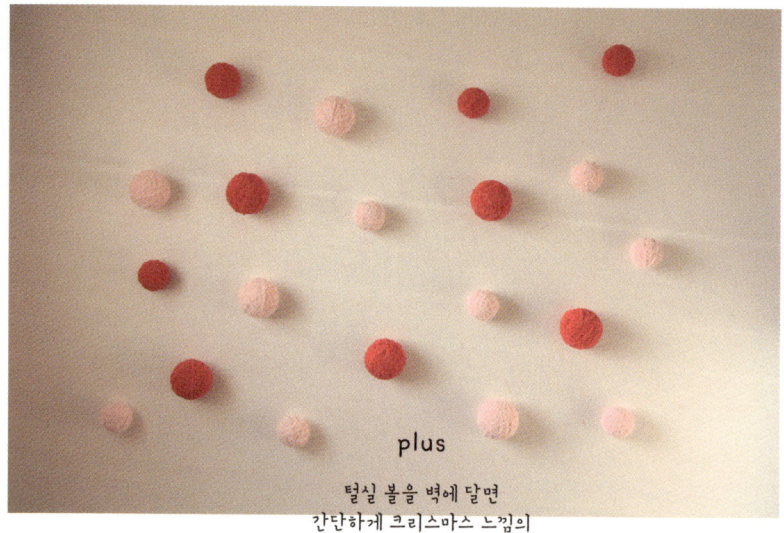

plus

털실 볼을 벽에 달면
간단하게 크리스마스 느낌의
아기방으로 변신!

1)　　크라프트지에 풀을 발라 패브릭을 양면에
　　　붙이세요.

2)　　쿠키틀을 이용해 도안을 그리고 오려
　　　줍니다.

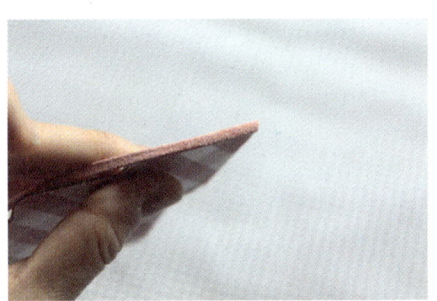

3)　　가장자리에 본드를 바르고 가죽끈으로 둘러
　　　주세요.

4)　　완성입니다.

현관 장식

현관문 장식을 빼 놓을 수 없어요. 새빨간 털실 하트와 스탬프 트리로 장식해 보았어요.
현관문은 열었다 닫았다 하기 때문에 너무 큰 리스나 무거운 장식은 쉽게 떨어질 수 있어요.
가볍고 심플하게 장식해 주세요.
털실 하트 뒷면에 자력이 강한 자석을 글루건으로 고정해 주었어요.

스탬프 트리를 패브릭 테이프로 고정해서 장식해 주었어요.
은색와이어로 눈꽃을 만들어 양면 테이프로 붙이니 외출에서 돌아올 때 마다,
손님이 찾아올 때마다 와아~ 작은 탄성이 나오는 현관이랍니다.

1) 양면 테이프와 패브릭 테이프를 사용해서 고정합니다.
2) 은색 리본을 패브릭 테이프 위에 둘러주고 끝부분에 빨간 열매를 달아 주세요.

유리병 장식

파스타를 넣어두던 유리병에 솔방울을 깨끗하게 닦아 넣어두어도 좋고,
시나몬 같은 건재료를 넣어두어도 좋아요. 가지고 있는 소품 + 핸드메이드 소품의 믹스 매치.
제일 좋아하는 장식법이예요. 부엌이나 거실 한켠에 두어도 예뻐요.

1)   솔방울과 열쇠 장식

2)   카운팅 트리 가방도 살짝

3)   시나몬 스틱이 빠질 수 없지요.

PRESENT & TABLE DECO

선물 + 테이블 세팅

크리스마스가 다가오면 설레고 즐겁지만

고민도 생기지요. 바로 사랑하는 사람들에게

무얼 선물해야 할까, 그런 고민 때문이지요.

비싼 선물을 준비해도 좋겠지만

정성 가득한 크리스마스 소품을

만들어 선물하면 어떨까요?

두고 두고 쓰임새 좋은 핸드메이드 선물을 준비해보세요.

사랑을 나누는 즐거운 크리스마스 되세요!

트리 초

트리 모양의 틀에 젤을 부어 만든 사랑스러운 초예요. 크리스마스 분위기가 물씬 나는
그린+레드 색상으로, 귀여워서 책상 위나 책장 등 장식소품으로 활용하기 좋아요.
창틀이나 선반 위에 여러 개의 트리 초를 나란히 세워두면 그 자체로도 훌륭한 크리스마스 장식이 됩니다.

준비물 캔들용 젤, 색소, 종이컵, 심지, 스테인리스 용기, 핫플레이트, 가위, 쇠막대, 트리모양 틀
구입처 캔들 재료–캔들 베이커리(www.candleworks.co.kr)

1)   젤을 스테인리스 용기에 넣어 녹입니다.

2)   심지를 준비합니다.

3)   만들 양만큼 준비하세요.

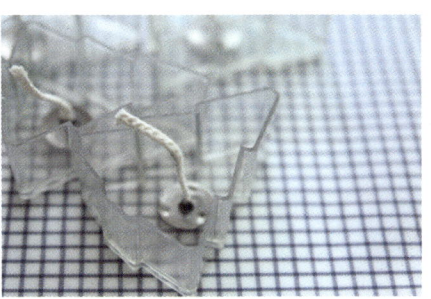

4)   심지를 용기 가운데에 넣어 주세요.

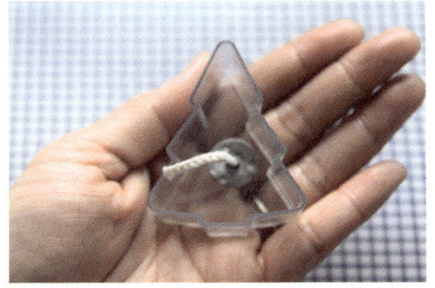

5)   크기가 가늠이 되시나요?

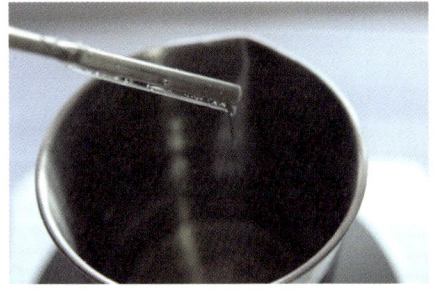

6)   나무젓가락을 젤에 넣었을 때 부드럽게
흘러내리면 준비된 상태입니다.

7) 　　　적당량을 종이컵에 붓고 색소를 넣어 저어
줍니다.

8) 　　　준비된 젤을 틀에 부어 주세요.

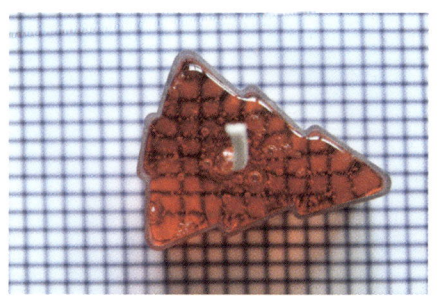

9) 　　　하루 정도 굳히면 완성입니다.

레몬 티

추운 겨울에는 저절로 따뜻한 차 한잔이 생각나요.
비타민이 많아 건강에도 좋은 레몬 티를 만들어 사랑하는 이들에게 선물해 보세요.
예쁜 병에 담고 리본 하나만 쏙 둘러주어도 멋진 선물이 된답니다.

준비물 레몬 6~7개, 굵은 소금, 베이킹 소다, 식초, 밀폐 유리병
구입처 밀폐유리병 – 컵앤컵(www.cupandcup.co.kr)

1) 굵은 소금으로 레몬의 표면을 세게 문질러
닦아 주세요.

2) 소금을 헹군 다음, 그릇에 베이킹 소다와
식초를 넣어 주세요.

2-1)

3) 보글보글 거품이 일어나는 게 보이죠?

3-1)

4) 레몬을 2~3mm 두께로 얇게 썰어 주세요.

5) 유리병을 끓는 물에 소독하고 깨끗이 말립니다.

6) 레몬을 한층 넣고 설탕을 같은 양으로 부어 주세요.

6) 한 층씩 번갈아가며 병에 넣고 실온에서 3일 두었다가 이후에는 냉장보관 하세요.

쿠키

귀여운 틀로 콕콕 찍어낸 반죽을 오븐에 구워내면 집안 가득
쿠키 향이 퍼져요. 반죽부터 하면 좋겠지만 냉동생지를
구입하면 간편해요. 꽁꽁 얼어서 도착한 생지가 완전히 녹기 전에
0.5cm 구떼로 밀어서 쿠키틀로 찍어준 뒤 구우면 완성.
간단하지만 효과는 만점이랍니다.

준비물 냉동생지, 쿠키틀, 지퍼백, 커터칼, 밀대,
쿠킹매트, 슈가파우더, 계란, 레몬쥬스
구입처 베이킹재료 – 브레드가든 (www.breadgarden.co.kr)

1)   쿠킹 매트를 깔고 쿠키틀과 밀대를
      준비하세요.

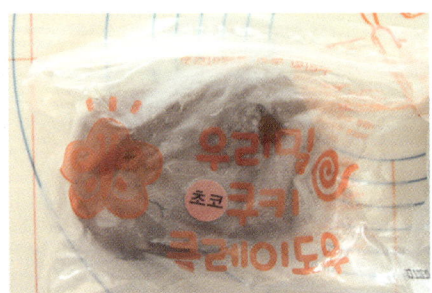

2)   냉동생지를 준비합니다.

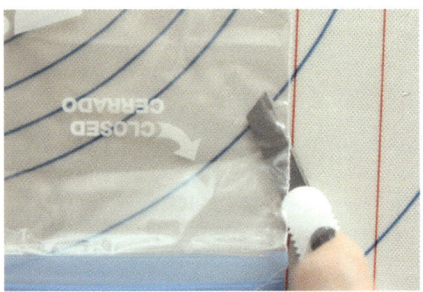

3)   지퍼백의 세 면을 잘라 긴 비닐 한 장으로
      만들어 둡니다.

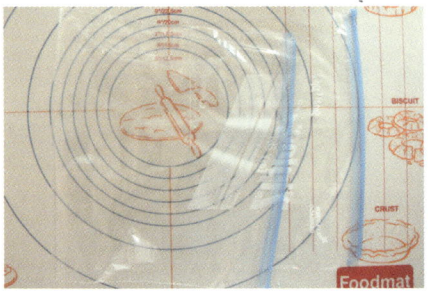

4)   비닐 안에 냉동생지를 넣고 힘을 주어 밀어
      주세요.

5)　　　　0.5cm 두께로 민 뒤 쿠키틀로 찍어 냅니다.

6)　　　　180도의 오븐에서 12~14분간 구워줍니다.

7)　　　만들어둔 아이싱으로 장식해 주세요.

(present & table deco)

오너먼트 kit

직접 만든 오너먼트들을 예쁜 바구니에 담아 선물해 보세요.
바구니 가득한 정성에 받는 사람의 눈도 반짝반짝 빛나게 될거예요.

바구니 안에 이런 것을 넣었어요
다양한 핸드메이드 오너먼트, 직접 말린 오렌지, 다양하게 사용할 수 있는
나무집게, 시나몬 스틱을 잊지 마세요! 마지막으로 크리스마스
레터링 리본을 둘러주세요.
구입처 바구니 − 호시노앤 쿠키스(www.hosino.co.kr)

털실 볼 리스

동글동글 귀여운 털실 볼로 리스를 만들어서 선물해 보세요.
리스틀과 털실 볼, 글루건만 있으면 뚝딱 완성하실 수 있답니다. 예쁘게 포장해서
소중한 사람에게 크리스마스의 마음을 전해보면 어떨까요?
안방앞 장식장에 산타편지와 같이 얹어 두었더니 근사하게 어울리네요.

준비물 리스틀, 털실 볼, 글루건

1) 털실 볼에 글루건을 충분히 쏘아준 뒤
붙여주세요. 굳을 때까지 잠깐 잡고
기다리세요.

2) 두 번째 볼부터는 이미 붙어있는 볼과 리스
틀에 한꺼번에 고정되도록 3면에 글루건을
쏘아줍니다.

3) 볼들이 한쪽으로 뭉치지 않도록 균형을
맞추어 주세요.

4) 반 정도 완성된 상태입니다.

5) 완성된 상태입니다. 움직이는 볼들이 없는 지
확인해 주세요.

6) 체크 리본과 귀여운 태그를 달아 귀여움을
더했어요.

테이블 장식

✱✱✱✱✱✱✱✱✱✱✱✱✱✱

핸드메이드 오너먼트들과 약간의 장식 소품을 매치해서
사랑스러운 테이블 장식을 해 보세요. 식탁 위에 장식해 두면 크리스마스 분위기도 나고,
갑작스럽게 손님이 찾아와도 근사한 레스토랑처럼 장식된 테이블을 보며
기분이 업될 거에요. 간단하게 할 수 있는 테이블 장식이지만, 효과는 만점이에요!

준비물 털실 볼, 흰색 자갈, 나뭇가지, 토분
구입처 토분 – 리틀하우스(강남 고속터미널 3층 312호 02-536-4865)

털실 볼 화분 만드는 법

1)　　　미니 토분에 흰색 자갈을 담습니다.

2)　　　털실 볼에 나뭇가지를 찔러 줍니다.

3)　　　흰색 자갈이 담긴 토분에 꽂으면 완성이에요.

이니셜 장식 유리잔

이니셜 장식을 실로 묶어 잔에 장식했어요.

쿠키 위에 다른 장식을 얹어도 예뻐요.

플레이트 장식하기

유리 돔안에 말린 수국과 빨간 초로 간단한
리스를 만들어 매치해 보았어요.

토피어리 느낌의 털실 볼 화분을
센터피스처럼 나란히 세워 둡니다.

트리초를 플레이트 장식에 활용해 보았어요.

1판 1쇄 인쇄 2012년 12월 1일
1판 1쇄 발행 2012년 12월 7일

지은이   이유진
펴낸이   정원정, 김자영
편집   홍현숙
디자인   MIZ

펴낸곳   즐거운상상
주소   서울시 용산구 문배동 7-6 이안1차 102동 오피스텔 1003호
전화   02-706-9452 팩스 02-706-9458
전자우편   happywitches@naver.com
출판등록   2001년 5월 7일
인쇄   백산하이테크

ISBN 978-89-92109-96-3 14630
ISBN 978-89-92109-69-7 14630(세트)